SAINT APHRODISE

APOTRE DE BÉZIERS

SA VIE — SON ÉGLISE — SON CULTE

PAR

Un Membre du Comité Catholique de Béziers
et de la Société Archéologique de la même ville.

PUBLICATION

DU COMITÉ CATHOLIQUE DE BÉZIERS

—

1875

SAINT
APHRODISE

APOTRE DE BÉZIERS

SA VIE — SON ÉGLISE — SON CULTE

PAR

*Un Membre du Comité Catholique de Béziers
et de la Société Archéologique de la même ville.*

---•◦◆◦•---

PUBLICATION

DU COMITÉ CATHOLIQUE DE BÉZIERS

—

1875

SAINT APHRODISE

APOTRE DE BÉZIERS

I

Il y a dans le ciel des points lumineux qui indiquent à l'œil le moins exercé l'existence indubitable d'une étoile éclatante, bien que l'éloignement en dérobe les formes et les contours. Tel nous apparaît, dans l'histoire de la province ecclésiastique d'Arles (1), saint Aphrodise, évêque de Béziers. Le fait de son apostolat dans nos régions est incontestable. Mais généralisons : A quelle époque la Gaule Narbonnaise a-t-elle reçu la lumière de l'Evangile ? Quels sont les premiers évêques qui l'y ont apportée ? Voilà les questions qui s'imposent naturellement au début de cette étude.

La tradition et les monuments écrits sont d'accord sur les noms de Trophime d'Arles, de Paul de Narbonne, d'Aphrodise de Béziers, et généralement de tous les fondateurs des églises gallo-romaines ; toutefois, certains historiens ont cru, particulièrement depuis deux siècles, pouvoir se détacher de la tradi-

---

(1) Arles fut le centre de la première province ecclésiastique des Gaules.

tion à peu près universellement accréditée qui fixe aux temps même apostoliques l'origine de ces églises.

Conquise deux siècles avant César, la *Province Romaine* ne pouvait être restée étrangère au grand mouvement qui, du vivant de saint Pierre et de saint Paul, avait changé la face de l'Orient, de l'Afrique, de l'Italie, en un mot, de toutes les autres contrées de l'Empire. Pline parle de la Narbonnaise comme d'une autre *Italie*, et il paraît hors de doute que les relations incessantes de cette province avec la métropole durent attirer la première attention des deux grands apôtres de Rome. Saint Paul jeta certainement les yeux de ce côté, et rien ne prouve qu'il n'ait pas réalisé le voyage en Espagne, annoncé dans son Epître aux Romains; car s'il ne reste aucun vestige matériel de cette course apostolique, il est néanmoins permis de croire avec saint Hilaire de Poitiers, saint Fortunat et plusieurs Pères de l'Eglise, que le grand Apôtre porta ses prédications jusqu'aux confins de l'Occident et jusqu'en Bretagne.

On ne peut donc pas se dérober à l'évidence qui se dégage des écrits de saint Irénée (1), évêque de Lyon vers le milieu du second siècle, d'Eusèbe de Césarée (2), de Tertullien (3), de saint Cyprien de Carthage (4), de saint Jérôme (5), de saint Augustin (6), etc., qui affirment que, du vivant même des

---

(1) S. Ir., *Cont. hæres.*, lib. III. — (2) *Eus. Hist.*, II, III, IV, etc. — (3) *De prescript.*, XX. — (4) *De Unit. eccl.* — (5) *Hier. Epist.* — (6) *Epist.*

Apôtres, toutes les nations soumises à l'Empire romain, et, par conséquent, tout l'Empire romain lui-même, avaient reçu la semence évangélique.

Aussi voyons-nous les historiens, qui s'obstinent à ne faire remonter l'origine de nos églises qu'au milieu du IIIe siècle, obligés de nous concéder qu'une première prédication dut avoir lieu dans les Gaules aux temps apostoliques. Cette prédication qui, d'après eux, fut rapide et nomade, aurait été suivie d'une réaction païenne, dont le résultat fut de retarder de deux siècles l'organisation des églises locales. Pour la défense de cette supposition historique, on a imaginé le rapide passage dans nos contrées d'évêques régionnaires sans résidence fixe, chargés, comme nos vicaires apostoliques, d'évangéliser de vastes territoires. Cette conjecture, qui n'est justifiée par aucun texte, se trouve de plus en contradiction avec la pratique ordinaire des Apôtres et de leurs disciples. Il est reconnu, en effet, que ces derniers ne quittaient jamais les cités et même les bourgs évangélisés, sans y organiser les trois ordres ecclésiastiques des évêques, des prêtres et des diacres. C'est là ce qui explique le nombre considérable d'évêques qui, dans les premiers temps du christianisme, représentèrent aux divers conciles ces nombreuses églises, toutes indiquées par leur ville épiscopale. Nous ignorons, du reste, les noms de ces prétendus évêques régionnaires; nous connaissons, au contraire, ceux des premiers pasteurs, qui arrosèrent de leur sueur et de leur sang le sol que nous foulons. Les noms de certains de ces premiers apôtres, de Trophime et d'Aphrodise, par exemple, ne semblent-ils pas nous indiquer, par leur racine évidemment orientale, que les hommes qui les ont si généreusement portés, après avoir été convertis par les Apôtres, sont venus avec ces derniers en Occident pour les aider à répandre la Parole du Christ jusqu'aux limites dernières du monde romain, de cet Empire dont la Providence avait permis l'extension inouïe, afin qu'il pût servir de moule à la constitution primitive de son Eglise.

A la suite des persécutions et des édits des empereurs qui ordonnèrent la destruction des églises et le massacre des chrétiens, la plupart des archives furent détruites et l'invasion des Barbares anéantit celles qu'avait épargnées le fanatisme païen. Eusèbe de Césarée, Tertullien, saint Cyprien affirment à plusieurs reprises qu'au second siècle la Gaule possédait, comme l'Afrique, de nombreuses églises réunies plusieurs fois en concile par saint Irénée. Dès lors, avec les sept évêques gallo-romains écrivant à sainte Radegonde, et avec les dix-neuf prélats de la province ecclésiastique d'Arles, réclamant, au Ve siècle, en faveur de la primauté de cette dernière ville, ne sommes-nous pas autorisés à admettre que les Apôtres ou leurs successeurs immédiats envoyèrent dans les Gaules les fondateurs connus et vénérés de nos églises locales ?

Les adversaires de l'apostolicité de nos églises se prévalent d'un texte de Sulpice-Sévère relatif à la foi *tardivement reçue (tardiùs suscepta)* dans les Gaules. Mais ce mot indique seulement une certaine lenteur dans la propagation de l'Evangile; et il ressort évidemment du sens de cette expression litigieuse que nos provinces, directement placées sous la double influence du culte officiel et des préfets de Rome, en même temps que sous l'action énervante des mœurs de la décadence païenne, opposèrent une longue résistance au triomphe définitif de la religion chrétienne.

Le paganisme, on le sait, lutta plusieurs siècles avec toute la force que lui donna d'abord la puissance gouvernementale et qu'il puisa dans les habitudes reçues, aussi bien que dans la complicité de toutes les passions divinisées par lui et combattues par la nouvelle doctrine.

En face des monuments les plus authentiques de l'Eglise primitive, on ne peut présenter contre notre thèse que l'affirmation de saint Grégoire de Tours (1) relativement à l'œuvre des missionnaires dans les Gaules, au milieu du IIIe siècle. Cet historien, qui écrivait dans le VIIe siècle, a puisé cette conjecture dans les Actes du martyre de saint Saturnin, écrits environ deux cents ans auparavant; mais son témoignage ne saurait avoir de valeur qu'à l'égard de saint

(1) *Hist. Franc.*, lib. I.

Saturnin; car, dans un autre passage de ses Œuvres (1), il admet que saint Paul envoya lui-même saint Trophime et plusieurs autres missionnaires dans les Gaules.

Les auteurs qui ont reproduit l'affirmation de Grégoire de Tours n'ont pu s'appuyer sur aucun document historique des premiers siècles. La critique moderne s'est émue de ce que les monuments épigraphiques, aussi bien que les listes complètes des premiers évêques, font à peu près totalement défaut pour éclairer cette discussion. Il est facile de la rassurer sur ce double point, car la ville de Rome seule a eu le précieux privilége de conserver des inscriptions chrétiennes relatives aux trois premiers siècles de notre ère, en même temps que la liste complète de ses Pontifes. Or, on comprend combien il serait absurde d'en inférer que l'Orient, que l'Afrique, que les Gaules, qu'Antioche, Ephèse, Césarée, Alexandrie, Carthage, Arles, Lyon, Narbonne, etc., n'ont eu d'églises constituées qu'au IIIe siècle.

II

D'après ce qui précède, nous croyons qu'il est difficile de ne pas admettre la version des Actes de saint Paul de Narbonne, de l'*Histoire du Langue-*

---

(1) Glor. mart.

doc, d'Andoque, et de la plupart des martyrologes qui font remonter la mission de saint Aphrodise aux temps apostoliques. Qu'Aphrodise ait été grand-prêtre de Mercure à Héliopolis ou à Hermopolis, lors de la fuite de la Sainte-Famille en Égypte ; qu'il se soit converti en voyant crouler les idoles en présence de Jésus, de Marie et de Joseph ; qu'il ait été baptisé par saint Jean ou bien, plus tard, par saint Pierre à Antioche, c'est là ce qu'il est impossible de contrôler ; mais il est du devoir du biographe de tirer de l'ensemble de ces documents la conclusion rationnelle qu'Aphrodise, grand personnage de l'Orient, fut converti dès le berceau du christianisme et qu'il fut disciple du Prince des Apôtres. Il serait également inopportun pour nous d'entrer dans la discussion soulevée par cette question : Le premier évêque de Narbonne fut-il Sergius Paulus (1), ou bien tout autre Paul, disciple du grand apôtre de ce nom ? Il nous suffit de connaître que saint Aphrodise fit partie de la première mission apostolique dans les Gaules, qu'il accompagna saint Paul de Narbonne à Béziers, et que lorsque les fidèles de Narbonne rappelèrent à grands cris leur évêque, Paul confia à Aphrodise notre église naissante.

La tradition, les légendes et le Propre du diocèse proclament cette vieille confraternité des églises de Narbonne et de Béziers. Pendant le moyen-âge,

---

(1) Gouverneur de Chypre, converti par saint Paul.

nous voyons Jacques Ier, abbé de Saint-Aphrodise, instituer dans cette église, en 1251, une fête en l'honneur de saint Just et de saint Pasteur, patrons de la métropole, c'est-à-dire de Narbonne; et, en 1260, Raymond de Sérignan, son successeur sur le siége abbatial, renouveler, par un acte solennel, avec Guiraud, abbé de Saint-Paul de Narbonne, le pacte de fraternité qui avait toujours uni les deux églises.

Parmi les nombreux disciples qu'Aphrodise eut à Béziers, le martyrologe romain et quelques légendaires nous ont conservé les noms de Caralippe, d'Agape et d'Eusèbe, qui furent martyrisés avec lui. Nous savons de plus qu'un saint personnage, appelé Pierre de Barthe, recueillit dans une chapelle, bâtie hors des murs de la ville, les restes de notre premier évêque. Toutes ces indications confirment la tradition, qui nous apprend que saint Aphrodise enseignait et prêchait dans une grotte située au milieu d'un bois contigu à la cité. Cette grotte, transformée par lui en chapelle, aurait occupé l'emplacement de la crypte, qui, à travers les transformations subies par l'église du saint patron de Béziers, est restée debout comme l'antique sanctuaire des premiers chrétiens des Catacombes (1).

Une vieille chronique romane des archives muni-

---

(1) C'est dans cette même grotte que tous les ans, le 28 avril, la Société de Saint-Vincent de Paul va célébrer la fête du patron de la cité.

cipales de Béziers nous paraît affirmer, avec une grande vraisemblance historique, que les prédications et le martyre de saint Aphrodise eurent lieu sous le règne de l'empereur Néron. Voici, du reste, en quels termes Andoque raconte les circonstances de ce martyre : « Julius Vindex, gouverneur de la « Gaule sous Néron, fit mourir saint Aphrodise. Les « prêtres du temple d'Auguste l'accusèrent d'ensei- « gner une religion pleine de superstitions, et solli- « citèrent Vindex de ne pas souffrir que le culte de « leurs dieux fût corrompu par une secte nouvelle. « Saint Aphrodise qui avait reçu dans sa maison le « petit Jésus, la Vierge et saint Joseph, lors de leur « fuite en Egypte, défendit devant Vindex et les « duumvirs de Béziers le mérite de sa cause ; mais il « parlait devant des idolâtres qui le condamnèrent à « perdre la tête. Son exécution se fit en la place de « l'Amphithéâtre ; sa tête fut jetée dans un puits ; « mais l'eau s'étant haussée miraculeusement, saint « Aphrodise prit sa tête, qui nageait dessus, et la « porta entre ses mains jusqu'en l'endroit où est « maintenant son église. »

Le sanctuaire consacré par saint Aphrodise est donc devenu la première cathédrale de Béziers, et comme le saint martyr avait donné pour patron à cette chapelle le Prince des Apôtres, cette église fut pendant de longs siècles placée sous le double vocable de saint Pierre et de saint Aphrodise, ainsi qu'en témoignent le sceau de l'ancienne abbaye, lequel portait l'effigie des deux saints, et plusieurs actes de fondations antérieures au Xe siècle.

Les évêques de Béziers abandonnèrent, vers le milieu du VIIIe siècle, la vieille basilique qui menaçait ruine et dont la situation offrait peu de sécurité, et ils transférèrent leur cathédrale à Saint-Nazaire. L'église et la demeure épiscopale devinrent le siége d'une abbaye de l'Ordre de Saint-Benoît, dont l'importance fut proportionnée à la grandeur des souvenirs qu'elle avait pour mission de perpétuer. Ses abbés furent considérés comme les premiers du diocèse ; le droit de porter les insignes épiscopaux dans l'intérieur de leur monastère, ainsi que le pouvoir d'exercer une juridiction civile et criminelle sur le bourg de Saint-Aphrodise, furent attachés à leur dignité ; ils pouvaient être élus en dehors du personnel de l'abbaye, et l'évêque les confirmait dans leur charge.

Le nom du plus ancien abbé connu est celui de Bernard, qui vivait en 962. En 1134, Bermond de Levezon, évêque de Béziers, était en même temps abbé de Saint-Aphrodise.

Guillaume de Margon, qui gouvernait l'abbaye de 1167 à 1182, favorisa sa sécularisation par diverses donations, et entre autres par une dotation de dix mille sous melgoriens.

Dès lors, l'abbaye sécularisée se composa d'abord de treize, puis de douze chanoines et de dix-neuf prébendiers. Guilhaume de Rocozels, abbé de Saint-Aphrodise, fut élu évêque de Béziers en 1199.

Bernard Guitard, quinzième abbé, établit une fête en l'honneur de saint Michel et légua 300 sous melgoriens pour le service de cette fondation; une dalle de marbre, qui porte en creux l'image de cet abbé, existe encore dans la nef de gauche de l'église, et indique par son inscription que l'abbé Guitard est inhumé à cette place.

Guilhaume de la Broue, abbé en 1232, fut élevé au siége métropolitain de Narbonne.

Jacques Ier fut témoin à l'abdication de Trencavel, vicomte de Béziers, et succéda à Guilhaume de la Broue sur le siége archiépiscopal de Narbonne.

Nous avons parlé plus haut de Raymond de Sérignan, à l'occasion du pacte de fraternité avec l'abbaye de Saint-Paul de Narbonne.

Une plaque de marbre blanc, placée sur le troisième pilier du côté gauche de la nef, indique la sépulture de l'abbé Pierre Vésian, mort en 1287, et dont une belle inscription célèbre les mérites.

Benoît Gaëtan, vingt-troisième abbé, confirma les statuts de son église. Gilbert, vingt-septième abbé, fut élevé, en 1349, à l'évêché de Saint-Pons.

Géraud de Bricogne, que quelques défauts corporels avaient failli éloigner de la dignité abbatiale, dut à ses grandes qualités d'être choisi successivement pour évêque de Pamiers et pour évêque de Saint-Pons. — Arnaud Capus, trente-sixième abbé, fit à l'abbaye plusieurs dotations importantes.

Le cardinal de Clermont, François de Châteauneuf, fut, en 1534, nommé abbé par le Roi, et devint plus tard évêque d'Agde.

Nous devons à Jean de Pierre, quarante-huitième abbé, le catalogue de ses prédécesseurs, publié par les Frères de Sainte-Marthe.

A l'occasion d'une querelle soulevée par l'évêque Clément de Bonsi, relativement au droit conféré aux abbés de Saint-Aphrodise de porter les insignes pontificaux, le pape Innocent X confirma Jean de Pierre et ses successeurs dans tous leurs priviléges.

Le cinquante-troisième et dernier abbé de Saint Aphrodise fut l'abbé de Maillé-Landri, nommé en 1768.

Le rapide coup d'œil jeté sur l'histoire des abbés de Saint-Aphrodise suffira pour indiquer de quelle haute considération jouissait la première abbaye du diocèse de Béziers. Elle avait dignement soutenu le rang que lui valut le patronage de saint Aphrodise.

Nous allons voir que la vieille basilique est également en rapport avec la majesté des grands souvenirs qu'elle abrite.

III

Perdue au milieu d'un fouillis de constructions modernes qui ne laissent plus guère apercevoir qu'une grosse tour gothique, l'église Saint-Aphrodise peut être seulement appréciée lorsque, après avoir franchi la longue allée qui précède la porte latérale, on est parvenu dans l'intérieur de l'édifice. Au premier aspect, l'église, privée du jubé qui séparait le chœur de la nef, paraît disproportionnée et incorrecte (1). Divisée en trois nefs par dix gros piliers, elle se termine par un chœur presque aussi long que les nefs elles-mêmes. Le collatéral de droite est bordé de chapelles gothiques qui font défaut à la nef de gauche. Le chrétien se trouve en présence d'une basilique imposante qui, par les divers styles de sa construction, fait remonter son esprit, à travers les générations, jusqu'au berceau même de la foi. L'archéologue peut à son tour étudier les diverses phases architectoniques, depuis l'époque de la basilique constantinienne jusqu'à l'épanouissement de l'art gothique au XVe siècle!

Nous avons dit que nos évêques des premiers siècles bâtirent leur cathédrale sur le tombeau même de saint Aphrodise. Cette première église, saccagée et ruinée par les Sarrazins, fit place, du temps de Charlemagne ou de son fils Louis-le-Débonnaire, à un édifice important dont la plus grande partie est encore sous nos yeux. Les trois nefs, moins les les voûtes qui sont modernes, datent de cette re-

---

(1) La basilique carlovingienne se terminait par un chevet situé au-delà de l'arc triomphal et tout à fait au-dessus de la crypte dont il a été question et sur laquelle nous reviendrons plus loin. La suppression de ce chevet, ayant réuni la nef romane et le chœur gothique ultérieurement construit, donne à l'ensemble une longueur démesurée.

construction. Le chœur, la chapelle de la Vierge, contiguë à la tour du clocher, ainsi que les chapelles que nous avons signalées dans la nef de droite, sont de précieux spécimens de l'art architectural du XIVe et du XVe siècle. A cette époque, le mur occidental fut percé d'une jolie rosace à lobes allongés. Plus tard, les petites baies romanes de ce mur, ainsi que celles qui éclairaient la grande nef, furent bouchées, et un plan nouveau de reconstruction sembla menacer d'une destruction entière tout ce qui reste de la basilique carlovingienne. Les ouvertures des chapelles gothiques, dont l'axe ne correspond pas avec celui des grands arceaux romans, ne semblent-elles pas nous indiquer l'intention arrêtée alors de faire disparaître à la longue les lourds piliers qui divisent l'édifice en trois nefs?

Nous négligeons de décrire les détails architectoniques de chaque partie du monument. Cette étude nous entraînerait trop loin et ne serait qu'une reproduction des descriptions savantes qu'en ont données d'éminents archéologues (1).

Sur la façade nord du clocher, l'architecte du XIVe siècle a représenté une tête de chameau, afin de confier au monument de pierre le souvenir de l'apostolat de saint Aphrodise, lequel, d'après la tradition, serait venu sur cette monture en se dirigeant du Midi vers le Nord.

(1) Renouvier, Sabatier, Noguier.

Qu'il nous soit permis maintenant de nous arrêter devant les souvenirs autrement émouvants qu'offre à notre piété la petite crypte « berceau de notre foi » (*fidei cunabula*) (1), au-dessus de laquelle s'élevait l'autel principal du temple primitif et plus tard de la basilique romane. Au milieu de cet oratoire souterrain, de forme demi-circulaire, qui n'a que 6 mètres 40 centimètres de diamètre, se trouve un tombeau dont la destination première fut de contenir les reliques du saint martyr. La tradition nous apprend que dans ce sanctuaire, dont l'origine remonte certainement aux premiers âges du christianisme, saint Aphrodise offrait les saints mystères et baptisait les néophytes.

Dépourvue de toute ornementation, percée seulement sur le mur du fond de deux excavations carrées, semblables à celles que l'on voit dans les catacombes, et qui servaient à déposer les vases du Saint-Sacrifice, séparée par une simple dalle à la hauteur de 2 mètres 20 centimètres du pavé de l'église supérieure, telle est cette chapelle vénérable, froide et sombre comme un cachot, émouvante et recueillie comme un oratoire des Catacombes. Le souvenir sanglant des premières persécutions, l'image des premiers sacrifices chrétiens célébrés dans l'ombre des souterrains, le courage indompté des défenseurs de l'Eglise, se trouvent inscrits, aux yeux des

---

(1) Office de saint Aphrodise.

fidèles croyants, sur ces murs et sur ces dalles, comme un témoignage de la divinité de notre croyance et de la perpétuité de notre foi. Il n'est pas dans nos contrées de lieu plus vénérable et plus digne de nos pèlerinages que cette petite crypte perdue au milieu du bel édifice dont elle est le centre et pour ainsi dire le cœur (1).

IV

Ainsi que nous l'avons déjà dit, les reliques de saint Aphrodise furent d'abord déposées dans le tombeau de la crypte. Une tradition très-anciennement répandue a accrédité la croyance que ces restes vénérés avaient provisoirement reposé dans un sarcophage antique orné de bas-reliefs païens, qui sert aujourd'hui d'urne baptismale au fond de l'église. Toutes ces traditions attestent la piété filiale dont nos pères entouraient les reliques de leur premier apôtre.

Nos archives municipales témoignent de leur confiance absolue en ce puissant patron, par l'inter-

---

(1) Nous osons exprimer ici le vœu que les reliques du « Père de notre foi, » comme on le chante dans la liturgie, soient de nouveau déposées dans cette crypte, et qu'une restauration intelligente, tout en respectant l'intégrité et le caractère sévère de l'*ædicule*, rende plus accessible aux fidèles les restes vénérés du saint Patron, en même temps que le berceau de la foi dans nos contrées.

cession duquel les plus grandes grâces ont toujours été obtenues. Dans une délibération du 10 mai 1767, le Conseil de la commune de Béziers, rappelant l'usage de faire des vœux dans le chœur de l'église Saint-Aphrodise, lors des calamités publiques, déclarait « que les habitants de Béziers avaient éprouvé
« dans tous les temps les heureux effets de la pro-
« tection particulière que saint Aphrodise, apôtre et
« patron de cette ville, leur accorde ; qu'il a toujours
« écouté favorablement les vœux qui ont été adres-
« sés à l'occasion du dérangement des saisons et
« dans les calamités publiques ; que, dans les temps
« de la sécheresse, à peine avait-on eu recours à sa
« sa puissante protection, que Dieu avait daigné
« répandre sur la terre ses rosées et ses pluies salu-
« taires qui en avaient conservé les fruits ; que les
« miracles que ce grand saint opérait presque tous
« les jours, multipliés et renouvelés dans toutes les
« occasions où l'on avait recours à lui, avaient fait
« naître dans le cœur de tous les habitants, depuis
« plusieurs siècles, une si grande vénération pour
« cet apôtre et une confiance d'autant plus entière,
« qu'on ne lui avait jamais adressé des vœux dans
« le temps d'une calamité publique qu'on n'eût eu
« la consolation de les voir accomplis presque au
« moment même qu'ils étaient formés ; qu'il impor-
« tait donc de maintenir un usage également pieux
« et intéressant pour la ville. » Cette citation suffira pour faire sentir avec quel soin minutieux les pré-

cieuses reliques du patron de la cité furent soustraites aux dévastations dont Béziers fut plusieurs fois le théâtre.

Elles furent surtout menacées d'une entière destruction en deux circonstances assez rapprochées de nous. En 1562, la ville ayant été prise et pillée par les religionnaires, le trésor des reliques de l'église Saint-Aphrodise fut livré aux flammes; une partie des précieux restes fut sauvée par quelques catholiques et leur authenticité fut solennellement reconnue. Au mois de juillet 1633, l'évêque Clément de Bonsi, dans sa visite pastorale, trouva dans le maître-autel une belle châsse doublée de satin rouge, contenant trois étages de reliques de saint Aphrodise et de ses disciples, de saint *Andieu* (1) et de saint Guiraud, évêque de Béziers (2). Cette châsse, fermée par quatre clefs et munie de gros barreaux de fer, avait remplacé une grande caisse de chêne que l'évêque retrouva dans la sacristie et qu'il ordonna de conserver pieusement. La Providence permit qu'une partie importante des reliques qui avaient échappé au vandalisme des huguenots fût également soustraite à la rage des révolutionnaires de 1793. Deux

---

(1) Andieu (Andivius), et non Andrieu, comme dit le vulgaire. Andieu était un saint laboureur de nos contrées, dont le souvenir, encore très-vivant parmi les agriculteurs, est perpétué par un autel érigé sous son vocable dans l'église Saint-Aphrodise.

(2) Tout le monde connaît saint Guiraud, natif du bourg de Puissalicon, abbé de Cassan, et enfin évêque de Béziers.

femmes, Marguerite Lauras, veuve du sieur Sabatier, cafetier, et Jeanne Réquirand, veuve Lauras, sa belle-sœur, ayant appris que les reliques du trésor de Saint-Aphrodise avaient été transportées à la Maison Commune et devaient y être brûlées dans la nuit du 24 au 25 juillet 1794, s'assurèrent de la connivence d'un commissaire de la commune. Lorsque les patrouilles furent sorties, ce dernier introduisit ces courageuses femmes dans une salle où se trouvait une caisse doublée en soie rouge et sur laquelle étaient écrits ces mots : *Reliques de saint Aphrodise et autres martyrs*, et une seconde caisse ornée de soie blanche, avec cette inscription : *Reliques de saint Guiraud et de plusieurs autres Saints et Saintes*. Ces pieuses chrétiennes s'emparèrent de tout ce qui leur fut possible de prendre de ces restes vénérés. Le sieur Hérisson, négociant, membre du district, avait déjà fait disparaître un morceau de crâne avec le verre qui le contenait et le petit coussin sur lequel il était déposé quand le chapitre l'exposait dans un chef d'argent à la vénération des fidèles; et Mme Claire Brouzet, en religion sœur Basile, ancienne religieuse ursuline, avait reçu de lui ce précieux dépôt. Quand le moment du brûlement sacrilége fut arrivé, la cheminée de la salle du district, qui à cette époque de l'année était complétement vide de cendres, fut remplie de fagots de sarments secs qu'on essaya vainement, pendant plus d'une heure, de faire brûler. La flamme jaillit enfin, et, s'échappant avec violence du foyer dans l'intérieur de la pièce, elle remplit de terreur les exécuteurs de la fatale sentence. Les fagots s'étaient enflammés tous à la fois avec un bruit extraordinaire et s'étaient presque aussitôt éteints, sans avoir consumé la plupart des ossements, simplement noircis. Un des agents de l'exécution, Simon Martin, propriétaire et habitant de Béziers, fut tellement frappé des circonstances, d'après lui peu naturelles, qui avaient accompagné cet auto-da-fé, qu'au point du jour il emporta chez les demoiselles Granal une partie des reliques et des cendres qui étaient restées dans la cheminée, où il laissa l'autre partie afin de détourner les soupçons. Un autre agent de la commune recueillit enfin cette dernière partie et la déposa chez Mme Monestié, veuve Tastavin. Tous ces faits sont constatés dans les procès-verbaux (1) signés par les divers témoins et par le délégué de l'autorité épiscopale; l'abbé Martin, curé de la paroisse avant et après la Révolution, et plusieurs membres de l'ancien chapitre reconnurent également les reliques restituées.

L'antique procession, qui se fait la veille et le matin du jour de saint Aphrodise, part de l'église du saint patron, et se rend, au milieu d'une foule immense, à l'ancienne place de l'Amphithéâtre que la tradition indique comme le lieu de l'exécution de

---

(1) Procès-verbaux des 9 et 10 juillet 1805.

l'apôtre martyr. Sur cette place existait un puits qui, vers la fin du XVIIe siècle, a été remplacé par une fontaine en forme d'autel, en souvenir de celui qui avait toujours existé à côté du puits. Les restes vénérés du premier évêque de Béziers sont, le 28 avril, l'objet d'une ovation générale.

Nous avons nommé M. le curé Martin, et nous ne voulons pas terminer ces pages sans rendre à la mémoire bénie de ce saint confesseur de la foi les hommages qu'elle mérite. Le nom de M. l'abbé Martin est désormais inséparable de celui de son église ; il doit rester cher à travers les âges au cœur de tous les habitants de Béziers, aussi bien que de tous les vrais amis des traditions et de l'art antique. Si les restes de saint Aphrodise avaient failli être à jamais perdus, il faut ajouter que son église n'avait pas couru de moindres dangers. Vendue comme bien national, la vieille basilique était devenue la propriété d'un habitant de Montpellier et avait été transformée en magasin de charbon. M. l'abbé Martin, digne représentant du clergé de notre bailliage aux Etats-Généraux et à l'Assemblée nationale, avait subi l'exil, et s'était réfugié à Rome auprès du cardinal Maury ; il rentrait dans sa patrie, quand il connut l'état désolant de l'église dont il avait été curé pendant plus de vingt ans. De retour à Béziers, et encore poursuivi par la fureur des révolutionnaires, il exerça clandestinement son ministère de pasteur et n'eut plus qu'une pensée dominante, celle de racheter sa chère église menacée d'une destruction complète.

Grâce à lui, la vieille cathédrale devint d'abord une simple chapelle ; il obtint ensuite pour elle le titre de succursale ; il fournit enfin la somme nécessaire pour la faire reconnaître comme paroisse. Jaloux de conserver le souvenir de l'ancienne collégiale, il créa quatre prébendes destinées à servir de retraite à des vétérans du sacerdoce. Les reliques de saint Aphrodise recueillies par ses soins reprirent leur place dans la petite chapelle où elles avaient été déposées derrière le grand autel, quelques années avant la Révolution.

Il n'est personne dans le diocèse qui ignore tout ce que la ville de Béziers doit à l'homme éminent dont David d'Angers n'a pas dédaigné de reproduire et d'immortaliser les traits vénérables.

Nous terminerons cette étude par un rapprochement qui doit nous rendre plus chère l'antique église qui fut le berceau de notre foi : elle avait été la première consacrée à Béziers au culte du vrai Dieu ; par un retour providentiel, et grâce à M. l'abbé Martin, elle fut encore la première rendue au vrai culte après la tourmente révolutionnaire.

28 avril 1875.

Erratum. — Le dernier abbé de Saint-Aphrodise fut Pierre Delort-Sérignan, nommé le 3 avril 1784.

Toulouse, Imp. L. Hébrail, Durand et Delpuech, rue de la Pomme, 5.

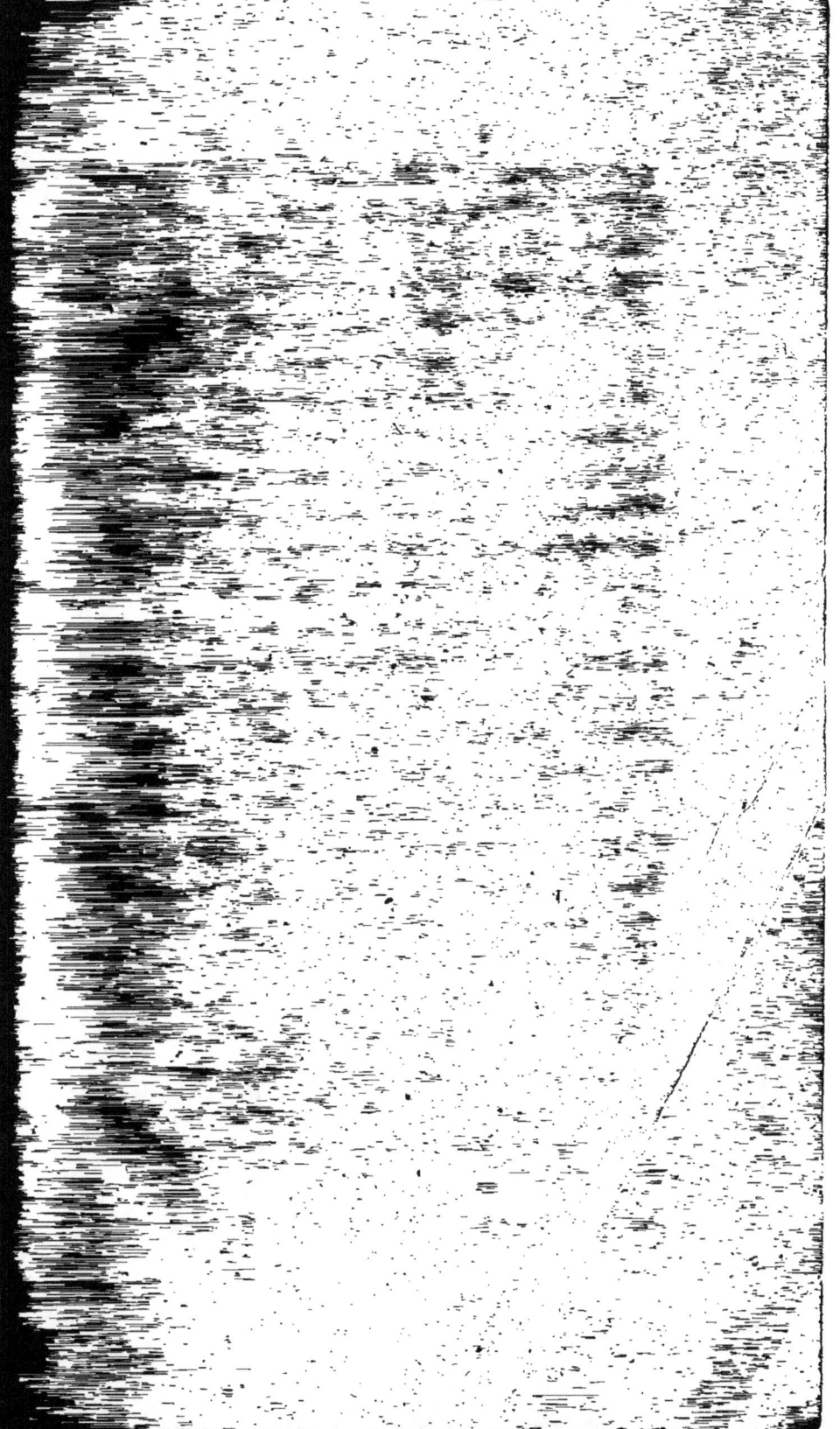

TOULOUSE. — IMPRIMERIE L. HÉBRAIL, DURAND ET DELPUECH.
Rue de la Pomme, 5.

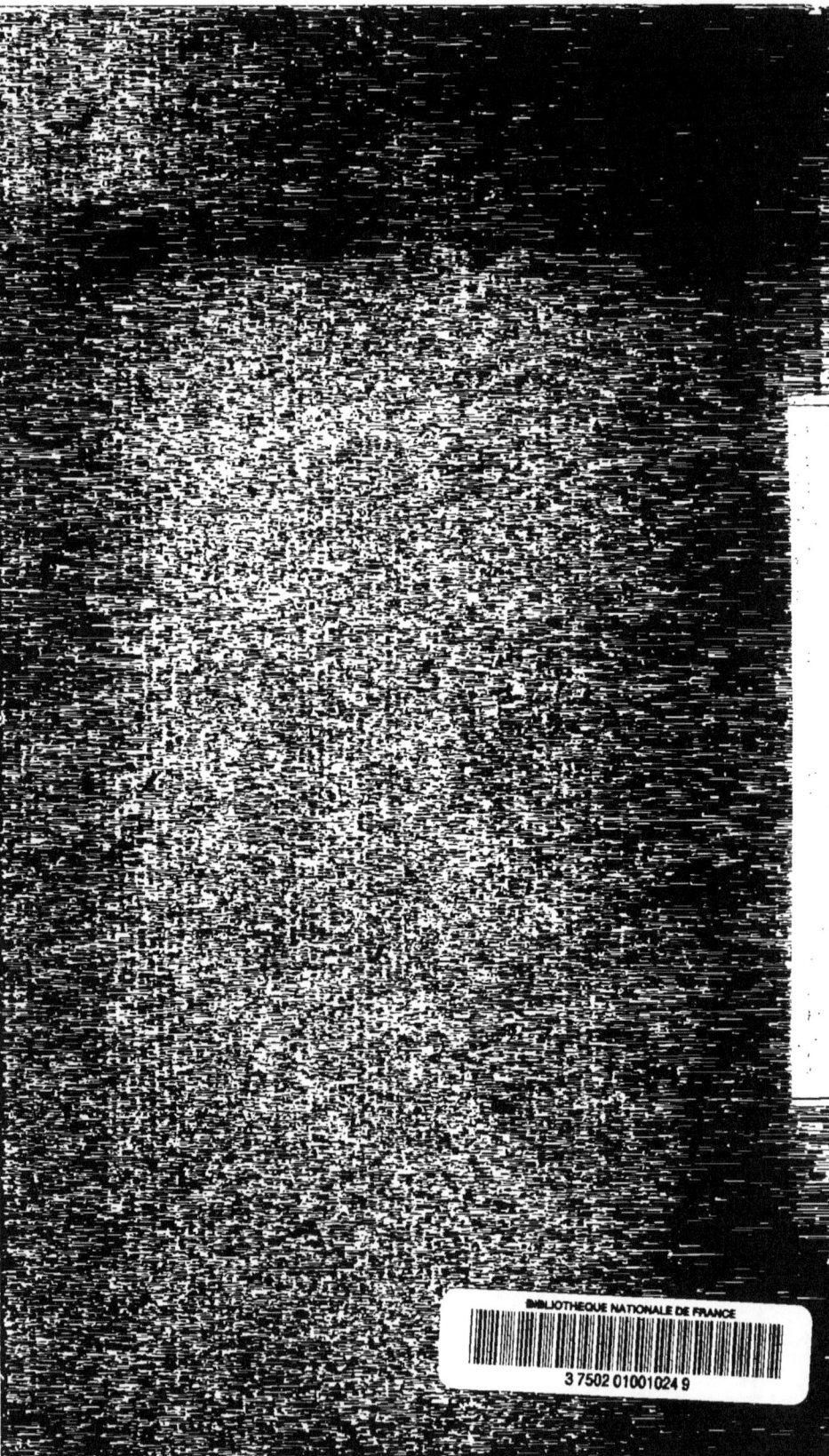

www.ingramcontent.com/pod-product-compliance
Lightning Source LLC
Chambersburg PA
CBHW060725050426
42451CB00010B/1631